Illustré par Jean-Sébastien Deheeger

Mon tout premier CHERCHE et TROUVE

La ville

Éditions Lito

Bonjour la ville

Jour de marché

Au square

À la nuit tombée

Les solutions

Observe l'image et retrouve :

Un balai

Une voiture verte

Une poussette

Un nid

Un panneau sens interdit

Bonjour la ville !

Le soleil se lève sur la ville.
Aujourd'hui, Matilda et Noa passent leur journée avec leur maman. Ils vont se balader en ville.

Observe l'image et retrouve :

Un ballon rouge

Un gâteau au chocolat

Un chien avec un collier jaune

Un panier d'œufs

Une pomme verte

Jour de marché

La maman de Matilda et Noa les emmène au marché. Les étals sont très colorés. Matilda regarde les cerises avec gourmandise. Miam !

Observe l'image et retrouve :

Un ours en peluche

Un bouquet de fleurs

Un cœur rouge

Un chat roux

Une trottinette

Devant la poste

À midi, la ville s'active. Les facteurs ont fini de distribuer tout le courrier. Et les pompiers rentrent à la caserne. Noa et Matilda leur font coucou.

Observe l'image et retrouve :

Un cheval à ressort

Un sac de billes

Une glace vanille chocolat

Une bouteille d'eau

Un râteau

Au square

Matilda et Noa passent l'après-midi au square.
On dirait Tina et Salomé sur le toboggan.
Chouette ! Ils vont bien s'amuser !

Observe l'image et retrouve :

Une baguette de pain

Un vélo rouge

Une cheminée

Une boîte aux lettres

Un dinosaure

À la nuit tombée

Les enfants ont bien joué. Il est l'heure de rentrer. La nuit commence à tomber. Les lumières des maisons s'allument. Que la ville est belle le soir venu.

Les solutions

1

2

3